Las misiones españolas
de California

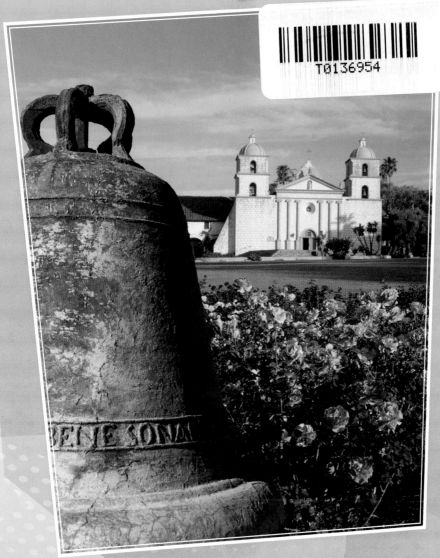

Lisa Greathouse y Ted Fauce

Asesoras

Kristina Jovin, M.A.T.
Distrito Escolar Unificado Alvord
Maestra del año

Vanessa Ann Gunther, Ph.D.
Departamento de Historia
Universidad Chapman

Créditos de publicación

Rachelle Cracchiolo, M.S.Ed., *Editora comercial*
Conni Medina, M.A.Ed., *Redactora jefa*
Emily R. Smith, M.A.Ed., *Realizadora de la serie*
June Kikuchi, *Directora de contenido*
Caroline Gasca, M.S.Ed., *Editora superior*
Marc Pioch, M.A.Ed., y Susan Daddis, M.A.Ed., *Editores*
Sam Morales, M.A., *Editor asociado*
Courtney Roberson, *Diseñadora gráfica superior*
Jill Malcolm, *Diseñadora gráfica básica*

Créditos de imágenes: pág.4 Library of Congress [g3291s.mf000074]; pág.5 Perry-Castañeda Library Map Collection; págs.6–7 Private Collection/J.T. Vintage/Bridgeman Images; pág.7 (inferior) Copyright © NativeStock/North Wind Picture Archives; págs.8–9 fotografía de Morton Kunstler/National Geographic/Getty Images; pág.12 (superior) fotografía de Stephen Bay; pág.13 (inferior) Diary of Gaspar de Portolá During the California Expedition of 1769-1770 editado por Donald Eugene Smith y Frederick John Teggart; págs.14–15 ilustración © Teacher Created Materials; págs.17, 25 California Missions Resource Center, 2016, www.missionscalifornia.com; págs.18–19 Granger, NYC; pág.20 California Historical Society Collections at the Autry/Bridgeman Images; pág.21 cortesía de California History Room, California State Library, Sacramento, California; págs.22–23, 29 (inferior) North Wind Picture Archives; pág.24 Bettman/Getty Images; pág.32 fotografía de Morton Kunstler/National Geographic/Getty Images; todas las demás imágenes cortesía de iStock y/o Shutterstock.

Library of Congress Cataloging-in-Publication Data
Names: Greathouse, Lisa E., author. | Fauce, Ted, author.
Title: Las misiones de California / Lisa Greathouse y Ted Fauce.
Other titles: California's Spanish missions. Spanish
Description: Huntington Beach : Teacher Created Materials, Inc., 2020. |
  Audience: Grade 4 to 6. | Summary: "With the discovery of the New World,
  the countries of Europe tried to beat one another to the new land and
  its riches. The Spanish built missions in California. They wanted to
  bring religion to the natives living there. They also wanted to protect
  the land from being taken by other countries. This is the story of the
  missions and the men who built them. They changed American Indians'
  lives forever"-- Provided by publisher.
Identifiers: LCCN 2019016043 (print) | LCCN 2019980249 (ebook) | ISBN
  9780743912624 (paperback) | ISBN 9780743912631 (ebook)
Subjects: LCSH: Spanish mission buildings--California--History--Juvenile
  literature. | Indians of North
  America--Missions--California--History--Juvenile literature. |
  California--History--To 1846--Juvenile literature.
Classification: LCC F864 .G78518 2020 (print) | LCC F864 (ebook) | DDC
  979.4/01--dc23
LC record available at https://lccn.loc.gov/2019016043
LC ebook record available at https://lccn.loc.gov/2019980249

Teacher Created Materials
5301 Oceanus Drive
Huntington Beach, CA 92649-1030
www.tcmpub.com

ISBN 978-0-7439-1262-4
© 2020 Teacher Created Materials, Inc.

Contenido

cocina de la misión de Santa Bárbara

Un nuevo mundo

En 1492, Cristóbal Colón zarpó rumbo a Asia. Buscaba una ruta más corta para llegar a las especias, la seda y los objetos de arte que podían conseguirse allí. Pero lo que encontró fue un nuevo mundo. Ese lugar sería llamado América.

Enseguida, distintos exploradores reclamaron enormes regiones del nuevo territorio. Querían establecer **colonias**. España, Portugal, Inglaterra y Francia lucharon por el dominio del Nuevo Mundo. Buscaban oro, plata y joyas. Usaban estos recursos para aumentar su poder y su influencia. Pero las riquezas y el comercio no fueron las únicas razones para explorar el nuevo territorio.

Compartir América

Los europeos querían difundir su religión por el mundo. España pensaba que la religión podía mejorar la vida de los pueblos indígenas de América. Los líderes españoles también vieron que así podían proteger y expandir su poder en el Nuevo Mundo.

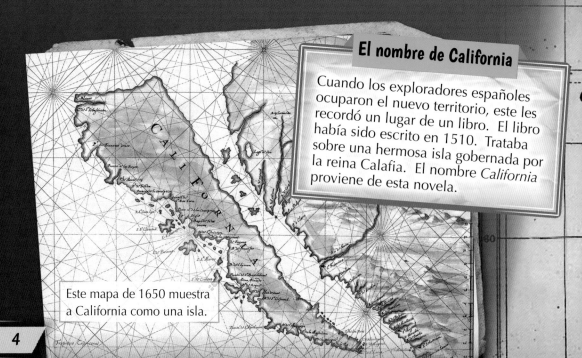

El nombre de California

Cuando los exploradores españoles ocuparon el nuevo territorio, este les recordó un lugar de un libro. El libro había sido escrito en 1510. Trataba sobre una hermosa isla gobernada por la reina Calafia. El nombre *California* proviene de esta novela.

Este mapa de 1650 muestra a California como una isla.

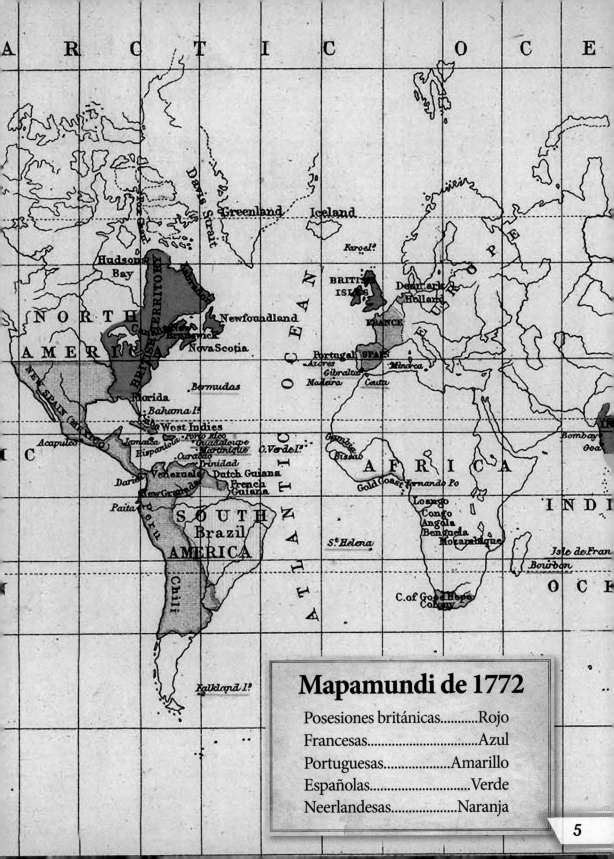

Mapamundi de 1772

Posesiones británicas...........Rojo
Francesas.............................Azul
Portuguesas....................Amarillo
Españolas............................Verde
Neerlandesas...................Naranja

5

Cuando los colonos llegaron al Nuevo Mundo, vieron que estaba habitado por millones de personas. Estas personas eran los indígenas americanos. Hacía miles de años que vivían en el territorio. Sus antepasados habían llegado a América del Norte en la última edad de hielo. En esa época, Rusia y Alaska estaban unidas por un puente de tierra. Después de cruzar el puente, se dispersaron por todo el continente y formaron tribus.

Los indígenas californianos vivían en lo que hoy es California y el norte de México. Estas tribus vivían de la tierra. Las viviendas, la ropa y hasta la comida dependían del lugar donde vivían. Las tribus cercanas a la costa comían principalmente animales marinos, como focas y abulones. Muchas tribus de los valles se alimentaban de aves, como la codorniz.

Estas diferentes maneras de vivir dieron lugar a una gran red comercial. Los alimentos eran una de las cosas que más se comerciaba entre las tribus. Cada tribu intercambiaba artículos de su región por cosas que necesitaban de una tribu de otra región. Cuando llegaron los colonos, descubrieron que las tribus eran independientes pero estaban **interrelacionadas**.

indígenas en el valle de Yosemite

Pasión por la bellota

Como las bellotas abundaban en el estado, eran una parte importante en la dieta de los indígenas californianos. Su preparación era un proceso largo. Primero, las bellotas se dejaban secar durante un año. Luego, se usaban herramientas para molerlas hasta obtener una especie de harina. Luego, algunas tribus usaban esta especie de harina para hacer galletas o pan. Otras la hervían y la comían como papilla, que es más espesa que la sopa.

Casas fuertes

Los indígenas californianos usaban distintos materiales para construir sus casas. Las tribus que vivían cerca de la costa construían casas de esterillas de paja. Si las tribus vivían en una zona con muchos árboles, construían casas de corteza de cedro (como la que se muestra aquí).

La misión sagrada

Los líderes españoles sabían que las **misiones** ayudaban a colonizar y proteger sus territorios. Ya habían construido misiones en la Florida y Texas unos años antes. Querían hacer lo mismo en California. Se necesitaban hombres leales a España. Tenían que estar dispuestos a morir por su fe. Los sacerdotes sabían que su deber era **convertir** a los indígenas de California. Los soldados debían asegurar el territorio para España. Esto se conoció como la *Expedición Sagrada*.

La orden franciscana

Una *orden* es un grupo de personas religiosas. Muchos sacerdotes que llegaron a América del Norte para establecer misiones eran de la orden franciscana española. Estos sacerdotes llevaban vidas sencillas y no tenían posesiones. Así, podían concentrarse en convertir a los indígenas.

El viaje comenzó en 1769. Un grupo de hombres fueron a San Diego a pie y a caballo. En el grupo había soldados y sacerdotes. Gaspar de Portolá lideraba a los soldados. El padre Junípero Serra lideraba a los sacerdotes. Un hombre llevó un diario del viaje y el territorio. Era el padre Juan Crespí. Su diario contiene mucha información.

Registro de viaje

Crespí escribió sobre las montañas, los valles, los árboles y los animales. También registró cómo vivían los indígenas. Sus notas fueron útiles para los hombres que **fundaron** las misiones.

Geografía

Los españoles exploraron todo el territorio hasta la bahía de San Francisco.

Junípero Serra

El padre Serra es el sacerdote más conocido de la época de las misiones. Quería ser más que un sacerdote. Su objetivo era llevar su religión a los indígenas norteamericanos. Después de establecer la primera misión en San Diego, ayudó a levantar ocho más.

Serra era muy estricto. Convirtió a miles de indígenas norteamericanos. Los obligó a adoptar un nuevo estilo de vida. Los soldados lo ayudaban a hacer cumplir sus severas reglas. Hacia el final de su vida, Serra planeaba fundar más misiones. Cuando murió, sus seguidores ayudaron a terminar lo que él había planeado. La última misión en San Francisco se fundó en 1823. En total, llevó 54 años establecer 21 misiones.

Junípero Serra

Santo Serra

En 1987, el papa Juan Pablo II solicitó que se hiciera santo a Serra. Lo hizo para homenajear su obra. Serra llevó el cristianismo a los indígenas norteamericanos. Pasaron casi 30 años hasta que Serra se convirtió en santo. Fue **canonizado** por el papa Francisco en 2015.

misión de Carmel

Eterno reposo

Serra tenía 56 años cuando fundó la primera misión española. Murió en 1784 a los 70 años de edad en su celda de la misión de Carmel. Está enterrado debajo de la iglesia del lugar.

Gaspar de Portolá

El Camino Real

La ruta que siguió Portolá para atravesar el norte de California se llamó *El Camino Real*. Este nombre se les daba a caminos construidos por el reino de España. Actualmente, la autopista 101 (que se muestra aquí) sigue en gran parte el mismo recorrido.

Gaspar de Portolá

Fueron muchos los que ayudaron a construir y proteger las misiones. Portolá fue uno de ellos. Era un capitán del ejército español. En 1767, llegó al Nuevo Mundo. Se unió al padre Serra en la Expedición Sagrada. Portolá ayudó a construir los **presidios**. Estas construcciones protegían las misiones.

El viaje fue difícil. En el camino, los españoles sufrieron terremotos y más de una vez se quedaron sin comida. Cuando el alimento escaseaba, los españoles comerciaban con los indígenas. Los soldados ofrecían cuentas y su ropa. A cambio, recibían pescado y maíz.

Portolá marchó al norte hacia San Francisco. Llegó hasta donde hoy se levanta el puente Golden Gate. Ayudó a que España conservara California. En esa época, los gobernantes españoles temían que los cazadores de pieles rusos reclamaran ese territorio. Portolá sentó las bases para que se fundaran las misiones. El éxito de su viaje dependió de la ayuda de los indígenas. Desafortunadamente, estas mismas misiones cambiarían la vida y la cultura de los indígenas.

Pensamientos íntimos

Durante su viaje, Portolá comenzó a llevar un diario (que se muestra aquí). En él, escribió sobre las tribus que conoció. A fines de julio de 1769, escribió sobre "un terremoto de gran violencia". Esa anotación es el primer registro de un terremoto en California.

Los edificios de las misiones

Cada misión tenía varias construcciones rodeadas por terrenos donde se habían cortado los árboles. Muchas misiones fueron construidas sobre colinas. Todas tenían iglesias y edificios donde vivían los sacerdotes y los soldados. Cada una tenía una cocina, un comedor, salones de clase y talleres. También había terrenos grandes para los cultivos, **corrales** para los animales y gallineros.

aldea de indígenas

Para protegerlas, algunas misiones fueron construidas dentro de presidios rodeados de muros resistentes. Otras misiones estaban en **ranchos**. En los ranchos se criaba ganado. Alrededor de algunas misiones se formaron pueblos o lugares donde vivían muchas personas. Con los años, muchos de los pueblos se transformaron en grandes ciudades.

lavandería

huerto

Arquitectura única

Todas las misiones se destacan por el uso de cúpulas, bóvedas y arcos. La parte más distintiva de las iglesias de las misiones es el **campanario**. Los campanarios eran torres grandes que contenían una o más campanas.

iglesia

Diferencias entre las misiones

Las misiones no eran todas iguales. Una de las razones que explican las diferencias es la geografía de California. El estado es alargado y tiene muchas millas de tierra junto al mar. Por su tamaño, forma y ubicación, el estado tiene un **clima** variado. Llueve y nieva sobre todo en las montañas. Este proceso hace que las tierras que están detrás de las montañas sean secas. En estas áreas se forman desiertos. Las montañas y los desiertos no eran lugares adecuados para construir misiones.

La mayoría de las misiones fueron construidas a lo largo de la costa, que tiene un clima templado. La vida es más simple si el clima es templado. Es muy conveniente para cultivar la tierra y criar animales.

Las misiones dependían de los recursos naturales cercanos. Los **misioneros** aprendieron a usar estos recursos gracias a los indígenas californianos. El sistema de misiones colonizó y desarrolló las tierras para España.

Una misión tierra adentro

La misión que se construyó más lejos de la costa fue la misión de Soledad. Está a 30 millas (48 kilómetros) de la costa.

Geografía

SOLEDAD MISSION

FOUNDED
OCT. 9, 1791

RESTORATION
OCT 9, 1955

De misión a misión

Los fundadores de las misiones querían mantenerse en contacto. Construyeron las misiones separadas por una distancia que podía recorrerse a caballo en aproximadamente un día. El relieve, las fuentes de agua dulce y otros factores también determinaron la ubicación de las misiones. La mayoría estaban separadas por unas 30 millas (48 kilómetros).

Geografía

San Francisco Solano
San Rafael Arcángel
San Francisco de Asís
San Francisco Presidio
San José
Pueblo de San José de Guadalupe
Santa Clara de Asís
Villa de Branciforte
Santa Cruz
San Juan Bautista
Monterey Presidio
San Carlos Borromeo de Carmelo
Nuestra Señora de la Soledad
San Antonio de Padua
San Miguel Arcángel
San Luis Obispo de Tolosa
La Purísima Concepción
Santa Inés Virgen y Mártir
Santa Bárbara
San Buenaventura
Santa Bárbara Presidio
San Fernando Rey de España
San Gabriel Arcángel
Pueblo of Nuestra Señora de Los Ángeles
San Juan Capistrano
San Luis Rey de Francia
San Diego de Alcalá
San Diego Presidio

Clave

☿ misión

◇ presidio

△ pueblo

San Luis Obispo

La misión de San Luis Obispo era muy diferente a las demás misiones. Fue fundada en 1772 por el padre Serra. Se construyó en una región donde abundaban los osos pardos. La misión aprovechaba la carne de los osos. Había poco alimento en otras misiones. Se organizó una gran cacería. Capturaron muchos osos y compartieron la carne. Más adelante, se empezó a cultivar trigo y maíz para tener alimento.

La importancia del clima

Las misiones del sur de California tenían un clima muy distinto a las del norte. El sur era soleado pero árido. Los cítricos se dan muy bien en el sur.

Geografía

misión de Santa Clara, 1849

Santa Clara

La misión de Santa Clara fue una de las nueve misiones fundadas por el padre Serra. Se construyó en 1777. Los desbordes de un río de la zona hacían que el suelo fuera húmedo, parecido a un **pantano**. Durante los siguientes 45 años, la misión tuvo que mudarse más de una vez. Se estableció en su lugar definitivo en 1822. El suelo de la zona era muy bueno para la agricultura. Santa Clara tenía uno de los mejores cultivos de trigo de todas las misiones. Como en muchas misiones del norte, los habitantes de Santa Clara cultivaban uvas y hacían vino.

De misión a universidad

La Universidad Santa Clara se inauguró en 1851. Se construyó en el lugar donde estaba la misión. Es la universidad más antigua del estado. Actualmente, los estudiantes pueden visitar parte de los edificios de la misión que quedaron en el campus.

La vida en la misión: cambios y conflictos

El actual territorio de California ha estado habitado durante miles de años. Se han hallado restos de vasijas de arcilla y armas de aquella época. Antes de la construcción de las misiones, los indígenas norteamericanos seguían sus propias **tradiciones**. Más de 50 tribus habitaban la región. Hablaban más de 100 idiomas diferentes. Sus aldeas eran prósperas y sabían cómo vivir de la tierra.

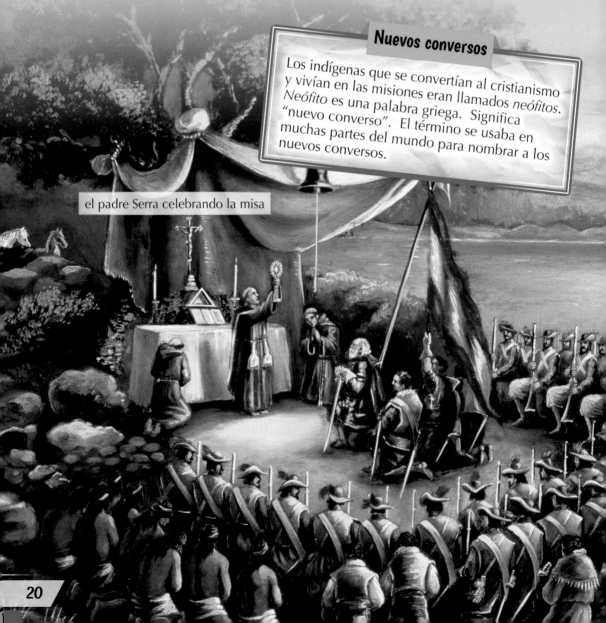

Nuevos conversos

Los indígenas que se convertían al cristianismo y vivían en las misiones eran llamados *neófitos*. *Neófito* es una palabra griega. Significa "nuevo converso". El término se usaba en muchas partes del mundo para nombrar a los nuevos conversos.

el padre Serra celebrando la misa

Para los indígenas norteamericanos, la vida en las misiones significó un cambio en su estilo de vida. Los españoles los obligaron a vivir y trabajar en las misiones. Sus hijos también iban allí a la escuela. Aprendieron un idioma nuevo y tuvieron que convertirse a una nueva religión. Muchos indígenas lucharon contra estos cambios en su estilo de vida.

indígenas cazando osos pardos

Antes de las granjas

Antes de las misiones, los pueblos indígenas vivían de la tierra. Cazaban y recolectaban solamente lo que necesitaban para comer, vestirse y hacer sus refugios. Nunca mataban animales ni peces a menos que fueran a usarlos. Los indígenas tenían un gran respeto por la tierra y la naturaleza.

Cambios

Los terrenos de las misiones se dividían en sectores. Una parte se usaba para cultivo. Otras partes se usaban para criar animales. Había que despejar toda la tierra de piedras, árboles y hierbas a fin de hacer lugar para los cultivos y los animales. Los indígenas hacían estas tareas difíciles en las misiones durante todo el día. Muchos intentaron huir. Uno de cada diez se escapaba de las misiones. Muchos más trataban de irse pero eran detenidos. Si los capturaban, los obligaban a volver a las misiones.

soldados, sacerdotes e indígenas californianos en una de las misiones

Escapar era arriesgado, pero también lo era quedarse. Cuando los europeos llegaron al Nuevo Mundo, trajeron con ellos enfermedades. Los indígenas no tenían **inmunidad**. En 1806, el sarampión se extendió por las misiones. Mató a más de 1,000 indígenas solamente en la misión de Santa Bárbara. La mayoría de los que murieron eran niños. En esa época, 60,000 indígenas norteamericanos murieron en las misiones. Muchas de esas muertes fueron causadas por enfermedades.

La cultura sobrevive

Actualmente, California alberga el mayor número de indígenas del país. Hay más de 100 tribus en el estado. Estas tribus fueron vitales para salvar bosques y animales en el estado. También se han esforzado por mantener viva su cultura.

Civismo

Conflictos

No todos los indígenas intentaron escapar de las misiones. Algunos trataron de resistirse al nuevo estilo de vida. Hubo muchas **revueltas**. En 1775, alrededor de 1,000 indígenas atacaron la misión San Diego. La incendiaron por completo. Por la noche, un sacerdote fue asesinado. Los soldados españoles capturaron y castigaron a los indígenas que lideraron el ataque. Pero esa revuelta fue la primera de muchas.

Los ataques continuaron durante años en todo el estado. La mayoría no mejoró la situación. En realidad, muchas veces, complicaron más la vida de los indígenas. Los soldados españoles querían evitar que se rebelaran. Usaron muchos métodos para lograrlo. Uno de los métodos más comunes fue castigar públicamente a los indígenas que participaban en las revueltas.

Esta fotografía muestra los restos de la misión de San Diego después de un incendio.

Techos de tejas

Para proteger las misiones de ataques con flechas incendiarias, los techos empezaron a recubrirse con tejas. Las tejas se hacían con arcilla secada al sol. Después, se ~~alfareros~~. Actualmente,

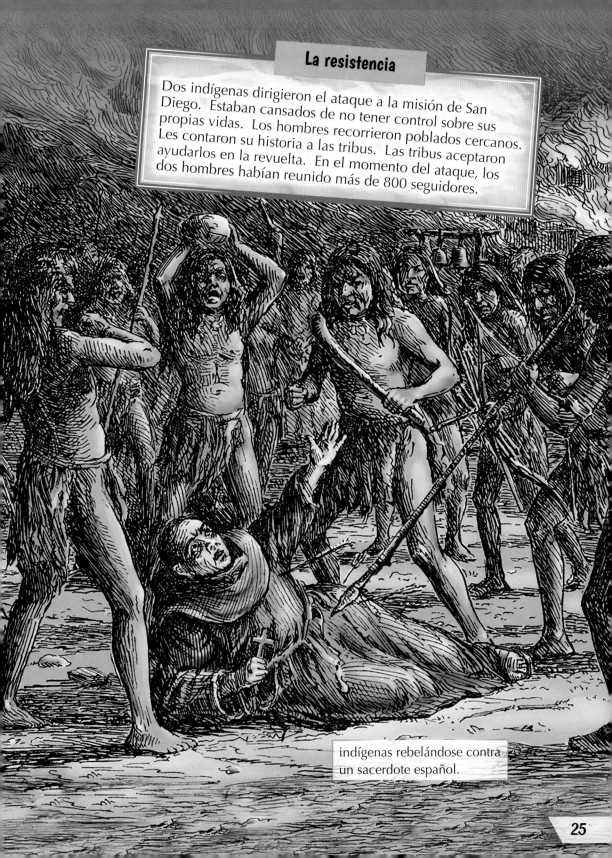

La resistencia

Dos indígenas dirigieron el ataque a la misión de San Diego. Estaban cansados de no tener control sobre sus propias vidas. Los hombres recorrieron poblados cercanos. Les contaron su historia a las tribus. Las tribus aceptaron ayudarlos en la revuelta. En el momento del ataque, los dos hombres habían reunido más de 800 seguidores.

indígenas rebelándose contra un sacerdote español.

El legado de las misiones

El sistema de misiones duró casi 70 años. Todo cambió cuando México se apoderó de la región en 1821. Los mexicanos pusieron en marcha un plan llamado **secularización**. Esto significaba que la iglesia ya no tendría poder en el territorio y no podría poseer tierras. Las tierras debían devolverse a los indígenas californianos. Pero eso no sucedió. En cambio, el nuevo gobierno las cedió o vendió a personas que no eran indígenas.

Las misiones hoy

Muchas de las iglesias de las misiones siguen funcionando. En ellas se hacen bodas y funerales. En algunas de las misiones todavía se dan misas.

misión de San Juan Capistrano

Los beneficios de las misiones

Aunque las misiones tuvieron algunas consecuencias malas, otras fueron buenas. Los nombres de muchas ciudades vienen de las misiones. Los primeros cultivos de las misiones permitieron mejorar los métodos agrícolas en el estado. El **estuco** y los techos de tejas se usaron por primera vez en las misiones. Las carreteras y autopistas fueron originalmente caminos entre las misiones. Las misiones ayudaron a definir el estado de California.

campana en
El Camino Real

EL CAMINO REAL
SAN DIEGO — LOS ANGELES
SAN FRANCISCO

Un gran viaje

Las misiones de California reciben a millones de turistas cada año. Por suerte, hay una manera sencilla de visitarlas todas. ¡Solo tienes que seguir el Camino de las Misiones de California! Este recorrido de 600 millas (960 kilómetros) abarca la mayor parte del estado. ¡Ponte cómodo y abróchate el cinturón!

¡Síguele el rastro!

La era de las misiones duró casi 70 años. Si identificas y describes los sucesos principales de la era, otras personas pueden aprender sobre su importancia para California y para los indígenas norteamericanos.

Crea una línea cronológica con las personas, los lugares y los sucesos de este período. Asegúrate de incluir nombres de personas y lugares cuando sea posible.

misión de Santa Bárbara

Glosario

campanario: la parte de una iglesia donde están las campanas

canonizado: declarado oficialmente santo por la Iglesia católica romana

clima: el estado del tiempo habitual en un lugar

colonias: áreas gobernadas por un país o países lejanos

convertir: hacer cambiar de religión o creencia

corrales: áreas cercadas para contener animales

estuco: un material usado para recubrir las paredes exteriores de una casa o un edificio

fundaron: construyeron o crearon

hornos alfareros: hornos usados para endurecer, quemar o secar cosas, como cerámica

inmunidad: la capacidad del cuerpo de rechazar una enfermedad

interrelacionadas: conectadas entre sí

misioneros: personas enviadas por una iglesia para convertir a otros

misiones: lugares o edificios donde se realiza una obra religiosa

pantano: un terreno blando y húmedo con muchas plantas

presidios: fortificaciones amuralladas usadas para proteger una propiedad

ranchos: terrenos rurales donde se cría ganado

revueltas: intentos de poner fin a la autoridad de alguien

secularización: hacer que algo deje de estar relacionado con lo religioso

tradiciones: modos de pensar o de hacer algo que un grupo en particular ha puesto en práctica durante mucho tiempo

Índice

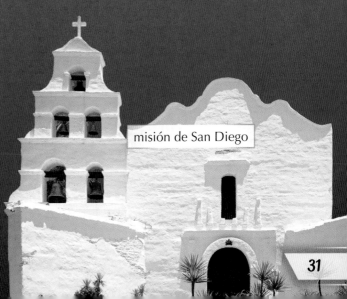

misión de San Diego

¡Tu turno!

Puntos de vista diferentes

Durante la Expedición Sagrada, el padre Crespí escribió detalles sobre la geografía de California. También registró detalles sobre los indígenas californianos y su estilo de vida. El punto de vista de los indígenas no solía registrarse.

Imagina que eres un indígena californiano. Vives en la zona de la bahía de San Francisco en tiempos de la Expedición Sagrada. Observa a los soldados y a los misioneros de la ilustración. Como indígena californiano, ¿qué es lo primero que piensas y sientes? ¿Qué te da curiosidad? Escribe una entrada de diario detallada sobre este primer encuentro.